Sri Sri Lokkhi Debir

Brotokotha O Panchali

By Divinebharat.

Art by- Sujata Saha

Sri Sri Lokkhi Debir Brotokotha O Panchali

For permission
Contact: info.divinebharat@gmail.com
ISBN: 9789334313437 paperback

Find us at
https://www.divinebharat.co

Content

Introduction

In India, Goddess Lakshmi, the deity of wealth, is revered by nearly every community.

Lakshmi one of the four children of Goddess Durga, is worshipped shortly after Durga Puja, typically on the full moon night. In many communities, however, Lakshmi Puja is performed during the festival of Diwali. The Kojagori Lakshmi Puja is conducted at home, although some communities perform it collectively in small pandals.

Lakshmi is worshipped daily in most Bengali homes. Each morning, the deity's idol is cleansed with a wet cloth, adorned with fresh flowers, and offered a sweet treat known as batasa (a dry sugar or jaggery-based sweet) along with a glass of water. The same offering is repeated in the evening, accompanied by the lighting of lamps and incense sticks. A conch shell is sounded.

Thursdays hold special significance for Lakshmi, as household shelves are cleaned and fresh water is placed in the ghot (a small vessel), along with a fresh branch of five mango leaves.The idol is then offered

More sweets and fruits, and pachali, a booklet of prayers dedicated to the goddess, is recited in a rhythmic tone.

Kojagori Lakshmi Puja, a particularly special observance, takes place annually on a full moon night, a few days after Durga Puja. The term "kojagori" is derived from "ke jagori," meaning "who is awake?" The belief is that Goddess Lakshmi visits homes during this night, blessing those who remain awake and engaged in worship with prosperity.

In West Bengal, both affluent and modest households celebrate *Kojagori Lakshmi Puja* according to their means. Fasting during this puja is rigorous, with devotees abstaining from food until the evening, though many now take tea. Rituals vary from family to family. In most households, the lady of the house performs the puja, though some families call upon a priest. One notable feature of the puja is the creation of alpana, beautiful designs made with a rice paste, often depicting the footprints of Goddess Lakshmi entering the house, symbolizing her desire to stay. Lamps and incense are also lit.

On this day, after refreshing the ghot with new water and a mango branch, the goddess is offered fruits and sweets, including coconut nadus and sweets made from puffed rice. These offerings are prepared with utmost care, using utensils reserved specifically for this purpose. Additionally, Narayan, the consort of Goddess Lakshmi, is also worshipped, and sinni, a dish he is believed to favor, is prepared using flour, raw milk, bananas, and sugar, often garnished with nuts and dried fruits. Soaked rice mixed with bananas and sugar is another essential offering.

In some households, a savory offering of khichuri bhog is also made, served with mixed vegetable curry (labra), fried vegetables, and payesh (rice pudding). As always, these dishes are prepared with great attention to purity and sanctity.

Lokhi Puja holds significant importance among devotees, particularly women, to invite peace and happiness into their homes. During the auspicious occasion of Lakshmi Puja, households resonate with fervent prayers dedicated to Goddess Lakshmi, the revered deity of wealth, symbolizing devotion and ardor.

Sri sri lokkhi debir abahon

Om lokkhi debi
ihagoccho ihagoccho
iho tishtho iho tishtho
iho shonnidhehi
iho shonniruddhoshya
atradhishthan kuru
mum pujan grihaan

Sri sri lokkhi debir stuti

Laksmistam sarva-devanam
yathasambhava nityasah
Sthirabhava tatha devi
mama janmani janmani.
Vande vishnu priyam devi
daridrya duhkhanasini,
Ksirod sambhavam devim
vishnu-vaksa-vilasini.

Sri sri lokkhi debir dhyan mantra

Om pasha-kshmalikam-bhyoja
srinibhir-shyamya saumyah.
padmasana-stham dhayecca
sriyam trailokya mataram.
Gaurabarnam surupancha
sarba-alankara-bhushitam,
raukmo-padma-Vyagra-karaam
baradam dakshinen tu.

Sri sri lokkhi debir stotram

Trailokya pujite debi
kamale bishnuballabhe.
Yatha tvam susthira krishne
tatha bhavamayi sthira.
Ishwari kamala lakshmiscala
bhutir haripriya.
Padma padmalaya sampada
srishti shripadmadharini.
Dvadeshaitani namani lakshmim
sampujya yah pathet.
Sthira lakshmirbhabet
tasya putradararaditih sah.

(Recite 3 times)

Sri sri lokkhi debir Pranam Mantra

Om vishva rupasya bharyasi
padme padmalaye subhe,
Sarvatah pahimam devi
mahalakshmi namo'hastute.

Sri sri lokkhi debir Gayatri mantra

Om
Shree Mahalakshmyai Cha Vidmahe
Vishnu Patnyai Cha Dheemahi
Tanno Lakshmi Prachodayati

Sri sri lokkhi debir pushpanjali mantra

Namaste sarva-devanam
varadasi haripriye,
Ya gatistvam prapannanaam
sva me bhuyat tvadaarchanat.

[Hold flower, Bel leaf and chandan in hand Recite pushpanjali mantra for 3 times and offer to Goddess in the end of puja]

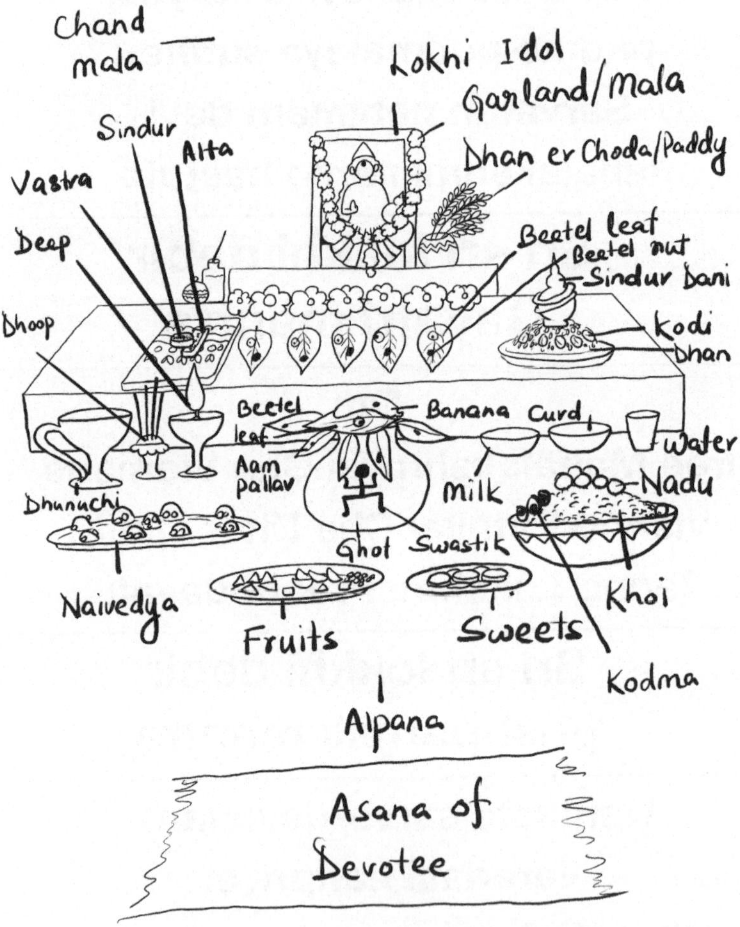

Chand mala
Lokhi Idol
Garland/Mala
Sindur
Alta
Dhan er Choda/Paddy
Vastra
Deep
Beetel leaf
Beetel nut
Sindur Dani
Dhoop
Kodi
Dhan
Beetel leaf
Banana
Curd
Water
Aam pallav
Milk
Nadu
Dhunuchi
Ghot
Swastik
Naivedya
Fruits
Sweets
Khoi
Kodma
Alpana
Asana of Devotee

Sri Sri Lokkhi Debir Brotokotha O Panchali

naaraayanam namaskritya
naram chaiva narottamam.
deveem sarasvateem
vyaasam tato jaya mudeerayet

Vande vishnu priyam devi
daridya dukh nashinim
Kriroputrim keshav kantam
vishnu bakhah bilasinim

Dol purnima nishite nirmala akash.
Manda manda bohiteche malaya batash.
Lokkhidebi bame kori boshi narayon.
Kohiteche nana kotha sukhe alapon.
Henokale binajontre hari gunogaan.
Uponito hoyilen naroda dhiman.
Dhere dhere ubhapode koriya pranoti.
Atahpor kohilen lakkhidebi prati.
Suno go, ma narayani, cholo martyapure.

Tobo aachorone dukho painu antore.
Tobo kripa bancita hoyiya noronari.
Bhugiche durgati koto barnibare nari.
Sototo kukormo roto rohiya tahara
Annabhabe shirnakay roge mrito pray.
Attohatya keho ba koriche theke daye.
Keho keho pranadhik putro konya shobe.
Beche khay hay hay annero obhabe.
Annapurna annarupa triloka janani.
Bolo debi, tabu keno hahakaro shuni.
Keno loke lokkhihina sompado abhabe.
Keno loke lokkhichara kukormo probhabe.
Suniya narodobakyo lakkhi thakurani.
Soghono nihshaso taji kohe mridubani.
Shotyo bachha, iha boro duhkhero bishoy.
Karono ihar jaha shono shamuday.
Ami lokkhi karo tore nahi kori rosh.
Mortyabashi kosto paye bhujhi kormodosh.
Mojailey anachare shomosto shonshar.
Kemone thakibo ami bolo nirbikar.
Kamo krodha lobh moho modo ohonkar.
Alasy koloh mithya ghiriche shonshar.
Tahate hoiya ami ghor jalaton.

Hoyechi canchala tai ohe bachadhon.
Poripurno hinsa dbesh tadero hridoy.
Porosri heriya citta kalushito moy.
Rasanar tripti hetu akhadyo bhokshon
Phole tara hera rishi okale moron.
Ghore ghore choliyache ei obichar
Achala hoiya robo keno se prokar.
Esobo chariya jeba kore shodachar.
Tari grihe chirodin boshoti amar.
Eto shuni rishibor bole, narayoni.
Anathero mata tumi bighno binashini.
Kiba bhabe pabe shobe toma podochaya.
Tumi na rakhile bhokte ke karibe doya.
Bishnupriya padmasana tritapa harini.
Chancala achala hao papo nibaroni.
Tomar podete ma mor ei je minoti.
Dukho nashibaro tobe ache go shokoti.
Koho debi doya kore iharo bidhan.
Durgati herayo shobo, kande mor pran.
Deborshir bakyo shuni komola utola
Taharo ashish dane biday korila.
Jibero duhkho heri kande matri pran.
Ami asu koribo go iharo bidhan.

Narado choliya gele debi bhabe mone.
Eto duhkho eto taap ghucahbo kemone.
Tumi more upadesh dao narayon.
Jahate norer hoye duhkho bimochon.
Laksmibani shuni prabhu kohen uttor.
Byathita ki hetu priya bikolo ontor.
Jaha boli, shuno shoti, bochono amar.
Martyoloke lakhibroto koroho prochar.
Gurubare shondhyakale joto narigon
Puja kori brotokotha koribe sroboṇ.
Dhonodhanyo josho maan baribe shobaar.
Oshanti ghuciya hobe sukhero shonshar
Narayano bakye lokhi horosh monete.
Broto procharone jaan torito mortete.
Upanito hon debi obanti nogore.
Tothay heren jaha stambhito ontore.
Dhaneshor rai hoy nogoro prodhan.
Atulo aisboryo taar kubero shoman.
Hinsa dbesh bijarito shonaro shonshar.
Nirbichare paliyache putro poribar.
Ekannote saptaputra rakhi dhaneshvor.
Aboshan noro jonmo jaan lokantar.
Patnir kuchakre pori shopto sohodar.

Prithagann holo shobe olpo din por.
Hinsa dvesho lakhi tyaje joto kichu hoy.
Eke eke asi shobe gr̥ihe probeshoy.
Eshob dekhiya lokhi ati krud'dha holo.
Abilambe sei griho tyajiya cholilo.
Brid'dha rani more haye nijo karmo doshe.
Purite tisthite nare bodhuder roshe.
Poran tajite jaan nibir kanone.
Cholite ashokta briddha asru du noyone.
Chadmabeshe lakhidebi asi heno kale.
Upanito hon se ghor jongole.
Shodoyo komola tobe jijyase briddhare.
Kiba hetu upanito e ghor kantare.
Lakhibakye briddha kohe sono ogo mata.
Mando bhagyo gotihina koreche bidhata.
Dhonoban chilo pita mor poti aar.
Lakkhi bandha angonete shototo aamar.
Shonar shonshar mor chilo caribhite.
Putro putrobadhu chilo amare shebite.
Poti holo svargabasi sukh eshbarya joto.
Ekey ekey jaha kichu holo tirohito.
Bhinno bhinno hari sob hoyeche ekhon.
Abiroto bodhu joto kore jalaton.

Ashoho hoyeche ebe tader jontrona.
Ejibon bishorjite korechi bashona.
Bridddha bakye narayoṇi kohen tokhon.
Attohatya mahapap shastrero bochon.
Phire jao ghore tumi koro lakkhibroto.
Shorbo duhkho bimocito pabe shukh joto.
Gurubar sandhyakale badhu goner shathe.
Lokkhibroto koro shobe horoshito mone.
Purno ghote dibe sudhu sidurero phota.
Amrashakha dibe tate loye ek gota.
Guapan dibe tate ashano shajay.
Sidur guliya dibe bhokti jukto hoye.
Dhup deep jalayiya sei sthane debe.
Durba loye hate shobe kotha shunibe.
Lokkhi murti manoshete koribe ko dhyan.
Broto kotha shrobonibe shanto kore pran
Kotha onte bhoktibhore pronam koribe.
Totpor eyo gon sidur porabe.
Proti gurubare puja je romoni kore.
Nishpap hoibe she komolar bore.
Baro mash puja hoy je grihete.
Achala thake lakkhi sei je sthanete.
Purnima uday hoy jodi gurubare

Je nari ei broto kore onahare.
Komola bashona taar puron ochire.
Mahasukhe thake sei putro poribare.
Lakkhir ghot ek sthapiya grihete.
Tandul rakhibe din mutho promanete.
Ei roope nitya jeba shonshoy koribe.
Sethay proshonno debi kohilam shar.
Jao grihe phire koro lakkhiro prochar.
Kotha shesh kore debi nijo murti dhore.
Briddharo dilen dekha oti kripa bhore.
Lokkhi heri briddha anande bibhor.
Bhumite pronam kore akul ontor.
Broto prachariya debi adrishy hoyilo.
Anand hillole bhese briddha ghore gelo.
Bodhu gone asi briddha bornona karilo.
Je rupete bono majhe debire herilo.
Broter pod'dhoti jaha kohilo shobare.
Niyom ja kichu lokkhi boleche tahare.
Badhu gon ek hoye kore lakkhi broto.
Svartho dvesho hinsa joto hoila durito.
Brataphole ek holo shopto shohodor.
Duhkho kosto ghuce jaye abhab satbar.
Komola asiya punah ashon patilo.

Lokkhi hina shei grihe lokkhi adhisthilo.

Goreeb Brahmonir Upokkhan

Daibajoge ekdin brid'dharo grihete.
Asilo je ek nari brotero shomoy.
Lokkhi kotha shuni mon bhoktite purilo.
Lokkhi broto koribe se manoto korilo.

Kustha roge grostho poti bhiksha
korikhay.
Taharo arogya ase puje komolay.
Bhokti bhore eyo loy jay pujibare.
Komalar bore shob duhkho gelo dure.
Potir arogyo holo jonmilo tonoy.
Aishorje purilo tar shantir aloy.
Lokkhi broto ei rupe proti ghore ghore
Procharito hoiloje abonti nogore.

Shodagorer Upokkhan

Otoh por shuno ek apurbo ghoton.
Brotero mahotta holo je bhabe prochar.
Ekdin gurubare abonti nogore.
Mili shobe eyogon lakkhibroto kore.
Srinogor bashi ek baniko nondon.
Daibo joge sei deshe uponito hon.
Lokkhi puja heri kohe baniko tonoy.
Kohe, e ki puja koro, kiba pholo hoy.
Banikero kotha shuni bole narigoṇ.
Lokkhi broto iha ithe manosho puron
Bhoktibhore jeinor lokkhi puja kore
moner aasha taar puribe ochire

Shodagor ei shuni bole ohonkare
Bhogete shodai ami roi nirontor
Bhagge na thakile lokkhi debe keba dhon
Ekotha bishash kobhu kori na emon
Heno bakyo Narayoni shohite na pay
Ohonkar doshe debi tejilo Tahare
Boibhobete purno tori banijyete gelo
Dubilo banijyo tori shagorer jole

Prasad shompodo joto chilo taar
Bojrer shonge hoye gelo shob char khar
Bhikhha jhuli Kandhe kore phire dare dare
Khudar Jalay ghore desh deshantore
Baniker dosha jei maa lokkhi dekhilo
Komola korunamoyi shokol bhulilo
Koushol koriya debi dukkho ghuchabare
Bhikkhay Pathan tare obonti nogore
Heri setha lokkhi broto roto noro nari
Bipod karon taar ashilo shmorone
Bhoktibhore koro jore hoye ekmo
Lokkhi bondona kore baniko Nondon
Khoma koro more mago shorbo oporadh
Tomare hela kori joto poromad.
Adhomo shontano mago koro tumi doya.
Shontaan kadiya more dao podo chaya.
Jogoto jononi tumi poroma prakriti.
Jagat ishvari tobe puji narayoni.
Mahalokkhi mata tumi trilok mondole.
Grihalokkhi tumi mago hao je bhutole.
Rasa adhishthatri tumi debi rashesvari.
Tobo ansobhuta joto prithibir nari.
Tumi'i tuloshi ganga kolusho nashini.
Sharoda bijonono datri tritapo harini.

Staba kare ei rupe bhokti jukto mone.
Bhumete podiya sadhu proname shy sthane
Brotero manot kori nijo grihe gelo.
Grihinire grihe giya adyanto kohilo.
Sadhu kotha suni tobe joto nari gon.
Bhaktibhore kore tara lakkhiro pujon.
Sadayo holen lakkhi taharo upore.
Punoray kripadrishti den shodagore.
Saptatori jole hote bhasiya uthilo.
Anondete shokoler antor purilo.
Daridro obhab dur hoilo tokhon.
Abar shonshar holo shanti niketon.
Ei rupe brotokotha mortyete prochar.
Soda mone rekho shobe lakkhi brotoshar.
Ei broto je jon kore ek mone.
Lakkhiro kripay sei bare dhone jone.
Aputraro putro hoy nirdhonero dhon.
Ihaloke sukhi ante baikunthe gomon.
Lakkhir broter kotha boroi modhur.
Oti jotone rekho tare aashoner upor
Je jon broter sheshe stob path kore.
Obhab ghuciya jay lakkhi debir bore.
Lokkhir panchali kotha holo shomapon.
Bhokti kori boro mago jar jaha mon.

Sitite sindur dao shob eyomile.
Uludhuni koro shobe oti koutuhole.
Dui hath jor kori bhakti jukto mone.
Nomoshkar koroh shobe debir chorone.
Pronamami lokkhidebi vishnuro ghoroni
Khiroda shombhoba debi tumi narayoni.
Ogotiro goti mata jagoto paloni
Doyamoyi tumi mata bipodo nashini
Bhogoto botsolya debi sotyo shorupini
Horipriya podmashone bhubharo harini
Chonchola komola mago triloko tarini
Pronamami kripamoyi madhobo ghoroni
Bhobasadha tumi mata krishno aradhita
Podochaya diya tumi kripa koro mata.
Aar kichu chahina maa ei obhilash,
Antokale naraoni koro na nirash.

Iti lokkhidebi brotokotha

Sri sri lokkhidebir baromasha

Bochorer prothom mash boishakh je hoy.
Puja nite eso oma amaro aloy.
Jyaistho mashe sosthi puja hoy ghore ghore.
Esho bosho tumi oma pujajro bashore.
Asarhe asite mago nahi koro deri.
Puja hetu rakhi mora dhanyo durba dhori.
Srhaboner dhara dekho chari dhare pore.
Pujibare o chorone bhebechi antore.
Bhadro mashe bhora nodi kul beye jay.
Kripa kori eso mago joto sighro hoy.
Ashine ambika sathe puja ayojon.
Kojagori rate punah koribo pujon.
Kartike ketoki phul charidhare phote.
Eso mago eso bosho mor pata gote.
Oghrane amon dhanne maath geche bhore.
Lakkhipuja kori mora oti jotno kore.
Poushparbone mago moner sadhete.
Proti grihe lakkhi puji nabanno dhanete.
Magh mashe mohalakkhi moholete robe.
Nobodhanyo diya mora puja kori shobe.
Phalgune phager khela charidhare hoy.
Eso mago bishnujaya pujigo tomay.
Choitrete chatok shomo chahi tobo pane.
Asiya bosho oma duhkhinir bhobone.
Lakkhidebi baromasha holo shomapon.
Bhoktojon mata tumi koroh kolyan.

Ganesh bandana

Bonde debo gojanono bighno binashono.
Namah prabhu mohakay mahasho nandono.
Shorbobighno nasho hoy tomaro shorone.
Agrete tomar puja korinu jotone.
Nomo nomo lambodaro namah ganopati.
Mata jar adyashakti debi bhagoboti.
Shorbo debo gononay agre jar sthan.
Bidhi-bisnu maheshoro aar debgon.
Trinoyoni tarar bondinu srichoron.
Bedomata shoroshotir loinu shoron.

Sri sri lokkhi debir boron

Tumi mago lokkhidebi komol boroni.
Komolo lotika kripa koro narayoni.
Sajaye rekhechi mago dhan'yo-guya-paan.
Asiya mago koro ghotete adhiahthan.
Ghotete dhup dhuna aar ghritobati.
Hridoyo komole oma koroho boshoti.
Podmashone podmaloy rakhi thore thore.
Shonkho badey boron kori tomare.
Shobe kori lokkhipuja oti jotone.
Ashish koroho matah aama shob jone.

Requirements and procedure of puja

Alpana with rice paste is made near Goddess asana. Ghot is placed over wet mud, a few grains of rice/dhaan and durva. The pot is filled with water. Durva/ rice, beetle can be put insite the ghot. Swastika mark with sidoor mixed with oil is drawn on the Ghot. Aam pallav is placed over the ghot. Sidoor is applied on aam pallav, paan and supari. Paan, supari is placed over the aam pallav which is then placed over the ghot. Belpata, fruits, paan, supari, haritika,kouri are offered to Goddess. Ghrita pradeep is lighted. Tandul= Uncooked rice offered in Puja One should do puja after taking bath and wearing suddha-vastra.

First Goddess idol or picture is placed over the decorated asana. Then She is offered snan with either water or damp cloth. Goddess is offered mala and flowers. Chandan and sindoor is put on Goddess and the same is applied on devotees forehead and shakha. Shankh is blown before and after puja. Kasha-ghonta is not played for Lokhi puja as Goddess Laxmi hates loud noise. After taking durva and flower in hand the devotee can start puja with ulludhuni

Glossary

Alpana = A decorative design
made with rice flour.

Ghot =(Purna-Kalasha, Purna-Kumbha, Purna-Ghata, ghat, kumbh) is a metal (brass, copper, silver or gold) pot with a large base and small mouth.

Dhaan = paddy. Rice with seed cover.

Durva = conch grass

Supari = Betel nuts

Sidoor =Vermillion

Aam pallav = mango branch apex bearing few (odd number usually 5) leaves

Paan = Betel leaf

Belpata (Billavpatra) = wood apple leaf

Haritika = (harad)Myrobalan

Ghrita pradeep = lamp of refined butter-ghee

Suddha vastra = Cloth made of natural fibers like cotton, silk or linen.

Snan = Bath

Mala = Garland

Chandan = Sandalwood

Chand mala= Decorative item made from shola

Shakha = Bangles made of counch

Shankh = Counch

Koudi= Shells

Alta= Red dye applied on feet of women

Kasha-ghonta = brass gong (not to be used for laxmi puja)

uludhoni = Sound made by rolling tongue to ward off evil eyes.

Khoi er murki = popped rice mixed with jaggary syrup

Narkel nadu = coconut sweet with jaggary or sugar

Kodma batasha = Bengali sugar candy

Chal Makha/Naivedyaa = Soaked raw rice mixed with fruits,sweets and curd.

www.divinebharat.co

9 789334 313437

Printed at Repro India Ltd.